LE COLLECTIVISME

PAR

Jules GUESDE

CONFÉRENCE

A LA

Société d'Etudes économiques et politiques de Bruxelles

SOUS LA PRÉSIDENCE DE

M. MONTEFIORE LÉVY, Sénateur

le 7 Mars 1894

Bibliothèque du Parti ouvrier français

IMPRIMERIE LAGRANGE, LILLE

1900

LE COLLECTIVISME

PAR

Jules GUESDE

CONFÉRENCE

Société d'Études économiques et politiques de Bruxelles

SOUS LA PRÉSIDENCE DE

M. MONTEFIORE LÉVY, Sénateur

le 7 Mars 1894

Bibliothèque du Parti ouvrier français

IMPRIMERIE LAGRANGE, LILLE

—

1900

LE COLLECTIVISME

PAR

Jules GUESDE

CONFÉRENCE

à la Société d'Études économiques et politiques de Bruxelles

SOUS LA PRÉSIDENCE DE

M. MONTÉFIORE LÉVY, sénateur

Le collectivisme ne se distingue pas du communisme scientifique, tel qu'il est sorti de la critique maîtresse de Karl Marx. Si cette appellation a prévalu en France, c'est que, pour les besoins de notre propagande, il y avait lieu de nous distinguer des divers systèmes communistes qui, forgés de toutes pièces par des hommes de plus ou moins de bonne volonté ou de génie, versaient tous dans l'utopie.

Le collectivisme qui domine dans le Parti ouvrier, auquel j'ai l'honneur d'appartenir, ne repose sur aucun concept *à priori* de justice, de liberté, d'égalité ou de fraternité ; ces concepts rentrant pour nous dans cette métaphysique dont Voltaire a pu dire — ou à peu près : « Quand deux hommes n'arrivent pas à s'entendre, c'est de la métaphysique. »

Il ne se réclame pas davantage des « sentiments généreux » ou des « aspirations vers le bien-être » qui sont de tous les temps, sans jamais avoir abouti, parce que ce ne sont pas les désirs de l'homme qui mènent le monde, mais le monde qui, par ses transformations successives nécessaires, crée nos sentiments, nos désirs, ce que l'on appelle encore notre idéal.

Le collectivisme s'appuie exclusivement sur l'évolution économique des sociétés, dont il n'est qu'une phase nouvelle, l'aboutissant inévitable et prochain.

Nous prétendons, en un mot, que les conditions dans lesquelles s'opère de plus en plus la production moderne, tant agricole qu'industrielle, constituent et entraînent un mode nouveau d'appropriation — collectif ou commun — de la planète et des richesses naturelles et sociales qu'elle représente.

Lorsque l'on examine, dans le passé, ce rapport entre l'homme et les choses qui correspond à la propriété, on s'aperçoit qu'il est à l'état perpétuel de variation. Nous sommes loin de cette arche-sainte, qu'on prétendait nous donner comme le commencement et la fin, non-seulement de toute civilisation mais de toute société.

On s'aperçoit, d'autre part, que ces variations dans les formes de la propriété n'ont rien de capricieux ou de fortuit, qu'elles sont déterminées par les formes mêmes du travail ou des moyens dominants de satisfaire les besoins de notre espèce.

A l'époque — qui a duré des siècles — où, non encore sorti de l'animalité proprement dite, ce qui sera l'homme un jour est borné, comme moyen de subsistance, à la cueillette ou à la consommation de ce que lui fournit le milieu naturel, il n'y a d'approprié que les produits consommés, fruits, racines, etc. La terre est à tous, ne donnant lieu à aucun mode de possession.

La terre, au contraire, deviendra propriété collective de la tribu, lorsque la chasse, devenue le principal moyen de vie, exigera le concours de beaucoup, une action combinée ou collective, en même temps que l'arme, si rudimentaire soit-elle, maniée individuellement, sera la première propriété individuelle. C'est pour la défense de ces territoires de chasse appropriés collectivement que s'engagent entre tribus et tribus ces luttes ou guerres que les envahisseurs blancs de l'Amérique, après Colomb, ont rencontrées chez les Peaux-Rouges du XVIe siècle et utilisées pour leur extermination.

Plus tard, bien plus tard, quand la culture, quand l'industrie sont généralisées, qui s'opèrent à l'aide de petits instruments ou outils, simples prolongements des mains de l'homme, le travail, soit agricole, soit industriel, étant de fait individuel, donne lieu à la propriété individuelle, foncière et mobilière, amenée progressivement par une répartition de plus en plus espacée des terres et des maisons entre les familles : tous les ans, puis tous les trois ou cinq ans, puis tous les vingt ans, etc.

La propriété privée ou individuelle des moyens de production a donc été plus que légitime, indispensable, puisque, fondée sur le travail personnel du propriétaire, elle incitait ce dernier, produisant pour lui-même, à produire le plus possible. Elle constituait pour l'humanité le meilleur des régimes, celui qui portait les produits ou les moyens d'existence à leur maximum.

Il n'en est plus de même aujourd'hui. Par suite de la division du travail introduit par la manufacture, par suite surtout de la machine et de la vapeur, le travail a cessé d'être individuel pour devenir collectif.

Ce sont des collectivités ouvrières (journaliers, chimistes, chauffeurs, mécaniciens, etc.,) qui, depuis la charrue à vapeur, les moissonneuses, les batteuses, etc., procèdent à la culture du sol, limitée autrefois au seul effort du propriétaire qui devait lui-même labourer, ensemencer, moissonner, dépiquer le grain, etc., etc.

Ce sont des collectivités ouvrières (mécaniciens, contre-maîtres, directeurs, tisseurs des deux sexes, hommes de peine, etc.,) qui, dans les tissages mécaniques fabriquent lainages, cotonnades, œuvre exclusive autrefois du tisserand produisant à domicile avec son métier à bras.

Mêmes collectivités, et pour les mêmes raisons mécaniques, dans l'industrie du bois (avec la scie circulaire), du fer, du sucre, etc.

Mais, pendant que le travail devenait nécessairement collectif, la propriété des instruments de travail ainsi agrandis restait individuelle.

De là, de cette contradiction, de cet antagonisme entre la forme du travail et la forme de la propriété, tous les maux, tous les désordres dont souffre la société actuelle, et qui ne disparaîtront, ne peuvent disparaître que par le collectivisme, c'est-à-dire par la propriété devenant collective, comme l'est déjà la production.

La production collective, résultant de la division du travail, de la machine et de la vapeur, a en effet multiplié les produits au-delà de tout ce que pouvait prévoir l'imagination la plus hardie. Faut-il rappeler le métier Jacquart augmentant de 350 0/0 la productivité du tisseur ; les hauts-fourneaux, les fileuses mécaniques (Richard Arkwright et Watt) portant la puissance productive de l'homme, dans l'industrie sidérurgique et cotonnière, à 25 et à 320 fois ce qu'elle était précédemment ? Ces inventions « classiques » ont été suivies de perfectionnement plus merveilleux encore : pour séparer le coton de sa tige, un homme, avec les dernières machines, fait maintenant le travail de 1.000 ouvriers ; les dévidoirs qui faisaient 4.000 révolutions en 1874, en font 10.000 aujourd'hui ; enfin, un économiste américain, cité par l'*Economiste français*, a calculé que « le travail de sept hommes suffit, avec le machinisme actuel, pour cultiver le blé, le battre, moudre la farine, pétrir le pain et le faire cuire de façon à nourrir un millier d'hommes. »

Mais, parce qu'au lieu de devenir leur propriété collective, ces moyens, presque féeriques de production, sont appropriés individuellement par quelques capitalistes, les producteurs, tombés à l'état de prolétaires, ont été exclus de cette surabondance de richesses, réduits à ne jouir de leurs produits que dans la limite de leurs frais d'entretien et de reproduction.

Ils n'ont trouvé, au bout de l'avoir humain si extraordinairement accru, qu'un accroissement de misère et une servitude sans précédent.

« Force humaine » de travail que l'on n'emploie et que l'on n'entretient que dans la mesure où elle est demandée par la production, ils se sont vus exproprier de leur seul moyen d'existence, le travail, par la force non humaine de travail que représente la machine. Une partie seulement a pu continuer à travailler, c'est-à-dire à vivre. Pour les autres, dont le nombre va croissant avec le développement mécanique, c'est le chômage, — ce fléau jusque-là inconnu — la morte-saison, autrement dit la saison où l'on meurt.

Pour ne pas mourir, ils se sont pressés à la porte des ateliers, offrant au rabais leurs bras et permettant aux employeurs, exclusivement préoccupés de réduire leurs prix de revient, d'abaisser, à l'aide de cette armée de réserve, le salaire des ouvriers occupés.

Ce n'est pas seulement par la concurrence ainsi déchaînée entre sans-travail et ouvriers en activité que le machinisme a fait baisser les salaires ; c'est encore en dépouillant le travailleur de son habileté technique, en le transformant en simple manœuvre. L'artisan de jadis, supérieur dans sa partie, ne pouvait pas facilement être remplacé. Il s'imposait, dans une certaine mesure, à l'intérêt même du patron. Cette garantie a disparu avec la machine-outil qui, faisant elle-même le travail technique, peut être conduite, dirigée indifféremment par X..., Y..., ou Z...

L'outillage mécanique, d'autre part, en se chargeant de l'effort musculaire et en réduisant le travail à un acte de présence ou de surveillance, a donné lieu à ce crime des crimes : l'industrialisation de la femme et de l'enfant. Arrachés au foyer domestique détruit, la femme et l'enfant ont été poussés par la pire des violences, par la faim, dans l'usine, où, en leur qualité de force-travail à meilleur marché, moins capables de se défendre, ils ont été substitués à l'homme, et dans des proportions telles que même la loi bourgeoise a dû finir par intervenir pour limiter et réglementer ce double attentat contre la race, compromise non seulement dans son présent, mais dans son *devenir*.

Le régime, enfin, des grands ateliers, a entraîné pour les travailleurs de tout sexe et de tout âge, encasernés par centaines et par milliers, une discipline de fer, l'obéissance la plus passive et tout un système d'amendes, de retenues, de mises à pied, qui fait de chaque patron ou de chaque compagnie dans son usine autant de souverains absolus dont le bon plaisir tient lieu de loi.

Je ne m'étendrai pas d'ailleurs sur ces épouvantables conséquences de l'appropriation privée en régime de travail collectif, d'abord parce qu'il n'y a qu'à ouvrir les yeux pour les constater, ensuite et surtout parce que j'entends laisser de côté les motifs d'ordre sentimental qui militent pour la solution, dans le sens collectiviste, du problème social.

Je reviens aux raisons économiques du collectivisme, que je diviserai en possibilité et en nécessité.

*
* *

La possibilité de l'appropriation collective résulte de ce fait que, contrairement à la propriété privée d'autrefois qui ne faisait qu'un avec le propriétaire, ne valant que par lui, par son travail personnel, la propriété capitaliste d'aujourd'hui est non seulement distincte, mais séparée du propriétaire, et ne vaut que par les non-propriétaires qui sont seuls à la *travailler*.

Ce ne sont pas les propriétaires des mines, des chemins de fer, des hauts-fourneaux, des grands magasins comme le Bon-Marché ou le Louvre, qui mettent en usage ou en rapport ces gigantesques moyens de production, de transport ou d'échange, mais des prolétaires — depuis le manœuvre à 2 fr. par jour et l'employé à 100 francs par mois jusqu'à l'ingénieur et au directeur à 30 et 50.000 fr. par an.

Cet *absentéisme* est — ou tend à devenir — la règle dans toutes les industries et dans tous les pays.

Allumez toutes les lanternes de Diogène, que dis-je ? les lampes Edison les plus puissantes, et fouillez, dans leurs coins et recoins, toutes les branches du travail. Nulle part, vous n'arriverez à découvrir le propriétaire.

Devenu actionnaire, habite-t-il le pays, ou un pays voisin, ou un autre hémisphère, ou la lune ? Peu importe. C'est en dehors de lui que la production s'opère; c'est sans lui que sa propriété produit.

Et quand je dis « sa » propriété, je me sers d'un terme impropre ; car il ne pourrait pas lui-même, le soumit-on à la question ordinaire ou extraordinaire, indiquer en quoi elle consiste. S'il est actionnaire de l'Orléans ou du P.-L.-M., est-ce cette gare, cette locomotive, ce wagon, ce rail ? S'il est actionnaire d'Anzin ou d'Aniche, est-ce cette galerie, ou ces bennes, ou ce ventilateur ? Non seulement il ne le sait pas, mais il ne peut pas le savoir, tellement la propriété est, dès à présent, devenue commune, indivise et anonyme.

Saint-Simon, voulant établir le peu d'importance des fonctions politiques ou gouvernementales, comparées aux fonctions industrielles et commerciales; eut, un jour, recours à une « parabole » qui lui fit faire, d'ailleurs, connaissance avec la justice d'alors.

Il supposait que, par un de ces miracles qui abondent dans les Ecritures, un ange du Seigneur passant, la nuit, sur Paris, avait marqué du signe de la mort certaines portes derrière lesquelles il y avait le roi, les ministres, les préfets et autres fonctionnaires plus ou moins décoratifs. Et il se demandait si, le lendemain, en se réveillant, sans roi, sans ministres, sans préfets de ceci ou de cela, il y aurait quelque chose de changé dans la vie ordinaire d'un chacun.

Nous pouvons reprendre la parabole et l'appliquer aux capitalistes de l'heure présente. Demain, par suite d'un de ces cataclysmes que l'on peut indifféremment qualifier d'heureux ou de déplorables, les actionnaires des chemins de fer, des mines, des hauts-fourneaux, etc, tous, jusqu'au dernier, ont disparu. Est-ce qu'il y aura une tonne de houille de moins à sortir des entrailles de la terre, un wagon de moins à rouler sur les voies ferrées, emportant marchandises ou voyageurs, un mètre de moins de cotonnade ou de soierie à se débiter dans les rayons de vente restés ouverts ?

Etrangère à la production et à l'échange dans lesquels elle n'intervient que pour se faire, dans le produit du travail des autres, la part du lion sous forme de profits, de dividendes ou de bénéfices, la classe propriétaire est devenue inutile — et, par suite, nuisible. Elle n'existe plus que comme parasite, et l'histoire est là pour nous démontrer que les classes arrivées à l'état parasitaire, ayant cessé de remplir la fonction sociale qui leur a donné naissance, sont fatalement appelées à être éliminées.

Voyez plutôt la noblesse. Tant que, vêtue de fer, la lance ou l'épée au poing, elle a servi de bouclier vivant au travail des champs et à l'industrie qui se constituait en arts et métiers dans les villes ; tant qu'elle a été protectrice de la ruche humaine — si onéreuse que fût sa protection — elle a résisté à toutes les tentatives faites contre sa prépondérance dans un Etat où elle était seule à « contribuer de son sang ». Du jour, au contraire, où la police intérieure et la défense extérieure ont été confiées à des milices recrutées en dehors d'elle, son déclin a commencé. Et lorsqu'elle n'a plus été que la noblesse courtisane, emplissant Versailles de son inutilité et vivant en parasite sur le corps de la nation, elle était morte socialement. Le Tiers, en 1789, n'a fait, avec sa révolution, que légaliser ce décès.

Il n'en sera pas autrement de la bourgeoisie qui, après avoir incarné tout le travail — manuel et intellectuel — n'existe plus que comme spoliatrice du travail. Elle est condamnée ou, plus exactement, elle s'est condamnée.

Une autre possibilité — et nécessité en même temps — de la transformation collectiviste de la société, c'est la disparition de la classe moyenne qui faisait tampon et empêchait le choc entre le prolétariat travailleur et le capitalisme oisif par les situations intermédiaires auxquelles il était permis d'aspirer et d'arriver. Après les petits industriels, ce sont les petits commerçants et les propriétaires-cultivateurs qui s'en vont, et, avec eux, jusqu'à l'espérance de le devenir. A ceux qui pourraient avoir conservé quelque illusion sur ce point, je me bornerai à mettre sous les yeux la page suivante qui n'émane pas d'un socialiste, mais d'un économiste, professeur au Collège de France, M. Paul Leroy-Beaulieu :

« *Industrie* — La production faite en grand rend de plus en plus difficile, presque impossible, pour les petits, de leur faire longtemps concurrence.

« Les moyens mécaniques obligent à concentrer l'industrie dans de vastes locaux, à avoir un outillage considérable, très compliqué, très coûteux, qu'il faut fréquemment renouveler ou perfectionner, et à distribuer les frais généraux, qui sont énormes sur une quantité également énorme de produits.

« Le champ de la grande industrie s'étend de plus en plus et l'on ne voit pas trop quelles limites on pourrait lui assigner.

« Elle ne se renferme pas dans la fabrication proprement dite, par exemple, dans la filature, le tissage, l'apprêtage des textiles ; on fait tout de plus en plus grand.

« La *confection*, qui transforme les étoffes en vêtements tout faits, *supprime les tailleurs* indépendants ou ne les laisse subsister (momentanément) que pour la classe la plus élégante de la population.

« *Les vastes ateliers de cordonnerie font presque disparaître les cordonniers individuels.*

« Les voies de communication perfectionnées rendent faciles aux marchands des petites villes de faire venir de Paris ou des grandes cités industrielles la plupart des articles de consommation que faisaient autrefois sur place les artisans locaux.

« *On fabrique en grand* et avec une énorme division du travail jusqu'aux *montres (horlogerie).*

« Beaucoup de corps d'état ont presque quitté la province.

« Il en est ainsi non-seulement des tailleurs, des cordonniers, des chapeliers, mais les *menuisiers mêmes*, les *forgerons*, et bien d'autres métiers du même genre *forment*, dans les petites villes, *un effectif de plus en plus réduit*; ils ne sont guère utiles que pour les réparations, et *il n'est pas impossible qu'un jour, même pour les réparations, le travail se fasse au loin*.

« Il n'est pas jusqu'aux hôtels à voyageurs, aux restaurants, qui ne tendent à former aujourd'hui une industrie concentrée offrant aux voyageurs ou à la population nomade de vastes, séduisants et bruyants caravansérails, et restreignant, dans les capitales et dans les villes d'eaux, l'antique légion des petits hôteliers...

« *Commerce.* — Les moyens d'information, de propagande par la voie des annonces, des envois de prospectus ou d'échantillon, sont tous à l'avantage du grand commerce ; il en est de même des moyens de transport qui, d'abord, offrent des prix relativement plus faibles pour les grosses expéditions que pour les moindres et qui, en outre, permettent à quelques vastes magasins installés au centre du pays de faire rayonner leurs produits sur tout le territoire et même à l'étranger.

« Ces puissantes maisons peuvent se passer : des marchands en gros, des courtiers, et même des commis voyageurs.

« Elles parlent aux yeux par leurs magnifiques étalages d'objets variés, par leurs prospectus enluminés ou leurs échantillons

« Les progrès administratifs tels que l'amélioration du service postal et du service télégraphique, la diminution du prix de transport des petits colis, travaillent au bénéfice des grandes maisons et leur rendent plus facile l'écrasement des moindres.

« Cette concentration du commerce de détail porte un coup mortel aux marchands en gros et en demi gros, aux courtiers, à tous les intermédiaires. Qu'est-il besoin d'eux avec le télégraphe et de gros capitaux ?

« Toute une légion d'intermédiaires est donc menacée et doit disparaître....

« Cette concentration n'est pas moins dommageable aux marchands de province ; ceux-ci ont été frustrés de la plus grande partie de leur clientèle...... Qui ne vient aujourd'hui à Paris ? Qui ne connaît le *Louvre*, le *Bon Marché*, le *Printemps* ? Qui ne reçoit des prospectus ou des échantillons de ces vastes établissements ? Qui ne préfère s'adresser à eux qu'au marchand de la grande rue de la petite ville ?

« Un procédé administratif ingénieux, l'envoi contre remboursement, a porté un énorme préjudice aux marchands provinciaux. »

Et de même que « contre les causes » qui entraînent l'expropriation des petits et des moyens industriels

M. Leroy-Beaulieu affirme que « l'on ne peut rien » ; il ajoute, relativement à l'expropriation des petits et des moyens commerçants : « C'est une singulière erreur de croire qu'on puisse arrêter ce mouvement de concentration. Tout conspire à le développer. Après le commerce du vêtement et de l'ameublement, ce sera le commerce de l'alimentation qui subira la même transformation. « Et, de plus en plus, nous verrons, comme dans les guerres entre les peuples barbares d'autrefois, les vaincus de cette lutte, perdue à l'avance, réduits en esclavage par les vainqueurs, les boutiquiers écrasés, obligés de livrer leurs fils et leurs filles pour « servir », sous le nom d'employés et de demoiselles de magasin, dans les grands bazars qui les ruinent.

L'absorption de la petite propriété terrienne par la grande n'est ni plus douteuse, ni moins rapide. Sans entrer dans de grands détails, qui me sont interdits si je veux aller jusqu'au bout de mon sujet, quitte à ne vous donner qu'une espèce de « table des matières » du socialisme moderne, je vous montrerai cette accumulation du sol déjà complètement opérée en Angleterre, en voie d'accomplissement aux Etats-Unis et plus avancée, même en France, que ne le permettrait de le croire la légende de « la terre donnée aux paysans » par la révolution du siècle dernier.

Des statistiques les plus officielles (1), il résulte, en effet, que les biens n'appartenant pas à ceux qui

---

(1) La *Terre aux paysans*, tableau dressé d'après les chiffres du ministère de l'agriculture en 1780.

les cultivent représentent 44 millions d'hectares se divisant en :

16 millions d'hectares en bois, landes, marais, terrains en friche, pacages et pâturages ;

4 millions cultivés par des métayers ;

12 millions, par des fermiers locataires ;

12 millions, par des salariés (propriétés de plus de 100 hectares au nombre de 49.000).

Les terres appartenant à ceux qui les cultivent pour leur compte n'atteignent que 4 millions d'hectares — soit un douzième. Et chaque jour voit réduire ce champ de la propriété paysanne, sans qu'il y ait d'ailleurs autre chose à faire qu'à en prendre acte. Car, d'une part, sans argent, sans crédit, prenant toujours au sol, sans jamais lui rendre, le petit propriétaire était condamné à l'épuiser, à le *phtisiphier* ; d'autre part, la petite propriété aurait rendu impossible, avec la culture scientifique, l'emploi des machines : charrue à vapeur, moissonneuse, batteuse et le reste.

Or, cette concentration — que rien ne peut empêcher — de l'industrie proprement dite, du commerce et de l'agriculture entre des mains de moins en moins nombreuses et de plus en plus fainéantes, a pour effet nécessaire, en rejetant dans l'enfer du prolétariat, des hommes, par centaine de mille, qui ont connu, sinon le paradis, au moins une existence indépendante, d'apporter au peuple de l'atelier et de la mine une force et une énergie nouvelle. Ces dépossédés d'aujourd'hui et de demain ne sont pas faits à la servitude comme l'ouvrier habitué de père en fils à plier sous le maître et sous la misère. Ils seront le levain qui, fatalement, fera lever la pâte ouvrière.

J'arrive à une autre nécessité — plus déterminante encore — de la solution collectiviste : l'impossibilité pour la société divisée en classes — propriétaires sans travail et travailleurs sans propriété — de consommer toutes les richesses qu'elle surproduit et qu'elle ne peut pas ne pas surproduire.

Si le machinisme ne faisait que prendre, avec leur travail, leur vie à un nombre croissant de prolétaires, l'état de choses actuel pourrait durer, dans la mesure où ses victimes accepteraient leur sort. Mais, en même temps qu'il multiplie les objets de consommation, le machinisme supprime des consommateurs, en enlevant toute puissance d'achat ou tout moyen de consommation à une fraction de plus en plus considérable de la classe ouvrière en proie à des chômages d'une intensité et d'une durée toujours croissante.

L'industrie cotonnière anglaise, par exemple, qui, en 1819-22, avant qu'elle fut machinisée, ne produisait que 106,500 livres de fils, et 80,620 de tissus, employait 445,000 ouvriers — soit un trente-septième de la population (16,500,000 habitants). En 1880-82, par suite du perfectionnement de l'outillage mécanique, alors qu'elle a produit 1,224,900 livres de fils et 993,880 de tissus, elle n'a employé que 686,000 ouvriers, soit un cinquantième seulement de la population (34,000,000 d'habitants). Le coton fabriqué a augmenté de 1,231 0/0, tandis que ceux qui vivaient de sa fabrication et pouvaient le consommer, ont diminué de 25 0/0 (1).

Dans l'industrie de la chaussure, c'est bien pis ; il y a soixante ans, le cordonnier — c'était un homme — faisait 200 paires par an. Il y a dix ans, homme, femme ou enfant, indistinctement, arrivait à 2,598 paires. La production, aux Etats-Unis, a passé, de 70 millions de paires en 1845, à 445 millions en 1875, alors que les cordonniers, qui s'élevaient à 45,877 sur une population de moins de 19 millions, n'étaient plus, de out sexe et de tout âge, que 48,090 sur une population presque triplée.

Le résultat, ce sont ces crises qualifiées de pléthoriques que le génie de Fourier prédisait dès le commencement de ce siècle, et qui, comme des cyclones, s'abattent sur nous tous les dix ans depuis 1825, semant la ruine et la mort. Tout s'arrête, paralysé. Les usines se ferment, jetant les travailleurs par millions dans la rue, sans salaire, c'est-à-dire sans chaussures, sans vêtement, sans nourriture, parce que les magasins regorgent précisément de nourriture, de vêtements, de chaussures.

Le manque de tout naît pour eux de ce trop de tout. C'est à cette absurdité qu'aboutissent la propriété et la production capitalistes, et c'est contre cette absurdité qu'elles se briseront, quoi qu'on fasse.

Contrairement aux disettes et aux famines d'autrefois, qui étaient d'ordre naturel, en ce sens qu'elles résultaient de l'impuissance de notre espèce à tirer de

---

(1) Coton Trade of Great Britain, par Ellison, 1886.

la planète de quoi suffire aux besoins de tous ses membres, les disettes et les famines modernes, qui déciment les masses laborieuses, sont tout ce qu'il y a de plus artificiel. Elles surgissent d'un trop plein de subsistances qui, œuvre des prolétaires, se retournent contre eux pour les affamer.

Au « comment produire assez pour tous » — qui avait été jusqu'alors le cauchemar des sociétés humaines — a succédé un « comment écouler tant de produits » — ou le problème des débouchés

De là, cette politique qui, dite coloniale, s'est imposée à tous les Etats, quelle que soit leur forme gouvernementale, depuis les plus monarchiques jusqu'aux plus républicains. De là, ces navires que l'on arme, que l'on emplit de soldats et que, sous prétexte de civilisation, on expédie au loin, au Tonkin et à Zanzibar, aux Indes et à Madagascar, pour obliger, à coups de fusil et de canon, les noirs d'Afrique et les jaunes d'Asie — qui n'en ont que faire — à consommer les marchandises qui débordent — et qui manquent, qui « font besoin » selon l'énergique expression italienne, à nos ouvriers des mains desquelles elles sortent.

A défaut du marché intérieur, de plus en plus fermé ou restreint par la misère ouvrière, il a fallu ouvrir ou étendre des marchés extérieurs, lointains, à toutes les extrémités du globe. Mais, s'il peut y avoir là un palliatif momentané, le mal reste entier — et sans remède — en régime capitaliste :

1° L'écart ira toujours grandissant, au fur et à mesure de la science et de ses progrès, entre la production ouvrière et sa consommation prolétarienne, limités que sont les producteurs salariés à une part dans leur produit qui ne saurait dépasser leurs frais d'entretien et de reproduction (7 milliards de salaires en Angleterre, sur une production annuelle de 29 milliards).

2° Avec l'anarchie qui s'appelle la liberté de l'industrie, chaque pays, pour ne pas dire chaque fabricant, ne voyant que lui, produisant en vue du marché universel à approvisionner à lui seul, comment la surproduction pourrait-elle être conjurée? Sans compter que dès qu'une industrie particulière prospère quelque part — comme le tulle mécanique à Nottingham et à Calais — les capitaux, à l'affût du profit, se jettent goulûment sur elle, l'installant concurremment à Caudry, à Saint-Quentin, à Plauen, etc, — et la conduisant, par l'encombrement, à la ruine inévitable.

3° La fabrication privée ne peut ni enrayer ni suspendre, même lorsque le marché est déjà saturé. Les capitaux de plus en plus considérables qu'exige un outillage de plus en plus énorme agissent comme autant de fouets sur les fabricants de l'heure présente transformés en Juif-Errant d'un nouveau genre, auxquels toute halte est interdite jusqu'à la culbute finale.

Les grandes crises de surproduction qui bouleversent périodiquement le monde moderne — et sont sa condamnation — ne disparaîtront qu'avec la forme capitaliste de la propriété et de la production, à laquelle elles sont attachées, comme le choléra au Delta du Gange.

Seule, la prise de possession, par la société, des forces productives et leur mise en œuvre sociale ou unitaire permettra de réglementer la production et de l'équilibrer avec les besoins de chacun et de tous. Seule, cette socialisation — qui est tout le collectivisme — en supprimant les limites imposées par le salariat à la puissance de consommation du peuple ouvrier et paysan, fournira aux produits multipliés et immobilisés d'aujourd'hui les consommateurs qui leur manquent ; en même temps que tout excédent de la production sur la consommation ou de l'offre sur la demande, au lieu de se traduire, comme actuellement, par la mort de misère et de faim de millions de travailleurs, n'aura d'autre effet que de créer des loisirs, des vacances à l'humanité.

Ce sera la fin des classes, c'est-à-dire de l'humanité divisée contre elle-même et s'épuisant dans une lutte intestine pour la vie qui n'a plus de raison d'être, étant donnée l'accumulation des moyens de vie résultant de la seule lutte entre l'homme et tout ce qui n'est pas lui, c'est-à-dire la nature domptée par la science

La division de l'humanité en classes a été une fatalité, la condition même de l'évolution humaine ou du progrès dans le passé. Il a fallu, pour créer des loisirs à une partie de notre espèce — ces loisirs qui ont permis et engendré l'art et la science — qu'une autre partie, la plus nombreuse, fut surchargée de travail, alors que le travail, par suite de l'ignorance humaine, était trop peu productif pour tous.

C'est ainsi, par l'esclavage des uns, continué en servage et en salariat, que les autres ont pu tirer, de l'animal d'hier, le dieu de demain. Mais, après avoir constitué les éléments du bien-être pour tous, cette division en classes est devenue un obstacle à l'entrée en jouissance de ce bien-être pour les uns comme pour les autres. Elle ne saurait être maintenue sans suicide.

S'il est, dans le long désert de l'histoire, une sorte d'oasis sur lequel l'esprit aime à se reposer des horreurs du moyen-âge et de l'époque barbare proprement dite, c'est assurément la Grèce. Nulle part la fleur humaine ne s'est épanouie comme sous le soleil de l'Attique ; mais pourquoi et comment ? Parce que, au-dessous des Aristotes, des Phidias, des Eschyles, il y avait tout un monde d'hommes retranchés de l'humanité. C'est grâce aux esclaves, à ces machines de chair et d'os, qui peinaient, produisant pour le petit peuple hellénique, que celui-ci a pu connaître la liberté et jouir de l'existence sous toutes ses formes.

Eh bien ! ces esclaves émancipateurs, nous les avons, et plus nombreux, à notre service. Ils sont de fer et d'acier. Ce sont les machines ; ce sont les chevaux-vapeur. Ils correspondent déjà pour la France, à 45 millions d'esclaves, pour l'Angleterre, à près de 80 millions, travaillant, pouvant travailler jour et nuit, sans repos ni fatigue. et nous sommes en mesure de les multiplier à l'infini Le voici, le Messie ! Le Rédempteur, le voilà ! Ce sont ces travailleurs, de création humaine, qui permettent et commandent à notre humanité réconciliée, devenue une grande famille, d'en finir avec la dernière forme de l'esclavage, le salariat. Pour cela, il suffit que, cessant d'être la propriété privée de quelques-uns, ils deviennent la propriété sociale de tous, produisant par tous et pour tous.

****

J'ai maintenant, pour compléter cet exposé, à vous indiquer les *moyens* du collectivisme : comment pourra, je ne dis pas s'opérer, — elle va s'opérant chaque jour — mais aboutir, cette transformation indispensable. Je vous ai montré les divers phénomènes qui, dans les entrailles même de la vieille société, élaborent un ordre nouveau, l'ordre collectiviste. Il reste à savoir comment, brisant la matrice qui l'emprisonne, cet ordre nouveau viendra au jour ; par quelle intervention humaine s'accomplira la délivrance ; quel sera l'accoucheur en un mot.

Puisqu'il s'agit du bien-être, du bonheur devenu enfin possible pour tous, on pourrait croire, au premier abord, que, pour une telle œuvre, il y a lieu de compter sur le concours de tous, sans distinction entre les jouissants et les souffrants de l'heure présente, également, quoique à titres divers, intéressés au salut commun. Ainsi le voudrait, en effet, la raison, dont la métaphysique de 1789 avait fait une déesse ; mais la raison ne mène pas plus les hommes que la justice. Ce que l'histoire — à laquelle il nous faut toujours retourner, comme à la grande école — nous enseigne, c'est que les classes privilégiées ne peuvent pas se dégager, sont prisonnières de leurs intérêts immédiats et apparents auxquels elles sacrifient jusqu'aux intérêts réels et durables de leurs membres.

La noblesse qui, à la fin du XVIIIᵉ siècle, était encore propriétaire des deux tiers du sol de la France, avait tout à gagner — je parle des individus qui la composaient — à la révolution en voie d'accomplissement, laquelle, en libérant la propriété de toute redevance, en augmentait considérablement la valeur. « Je remercie l'Assemblée, disait un des grands propriétaires, député à Versailles, de m'avoir donné par son seul arrêté du 4 août, trente mille livres de rente. » Ce qui n'a pas empêché les nobles, en tant qu'ordre ou que classe, de se mettre en travers de la société nouvelle dont ils devaient être les premiers à profiter.

Il n'en saurait être autrement de la classe capitaliste d'aujourd'hui qui, bien qu'appelée à bénéficier autant que la classe prolétarienne de l'avenir collectiviste ou communiste, s'acharne et s'acharnera à la conservation d'un présent dans lequel il n'y a de sécurité pour personne (1), parce qu'en dehors de la forme

---

(1) Les privilégiés de l'ordre actuel peuvent se croire libres aujourd'hui ; mais le sont-ils réellement ? Ils ne disposent même pas de leurs personnes toujours menacées et souvent atteintes par les épidémies, typhus, choléra, etc., qu'engendre et que véhicule la misère de la classe ouvrière Leur liberté politique n'est pas mieux assurée, par suite des forces aveugles, passives, que sous la forme armée, magistaature, police, il faut entretenir et accroître contre les « ruades » de la masse et qui se prêtent à tous les 18 Brumaire et à tous les 2 Décembre. Et, quant à leurs biens, auxquels ils se cramponnent comme des naufragés aux débris de leur navire, ne leur échappent-ils pas de plus en plus par le fait des conversions — ces banqueroutes partielles — des krach à la Bontoux-Fœder, des notaires au *pied léger* et des *dévorantes* à la Nana — cette revanche de la prostitution imposée aux filles du prolétariat ? (*Le programme du Parti ouvrier*, par Jules GUESDE et Paul LAFARGUE, p. 42).

dans laquelle elle est habituée à jouir de la vie, elle ne comprend pas la vie. L'expérience nous défend de tabler, de bâtir sur elle, malgré les recrues qu'à titre individuel nous pouvons faire et nous ferons de plus en plus chez elle.

L'expérience nous commande, au contraire, de tout attendre du prolétariat, c'est-à-dire de la classe qui se trouve trop mal du présent régime économique pour ne pas tendre de toutes ses forces à en sortir — et, par suite, à nous en faire sortir.

Ses intérêts particuliers de classe en travail d'affranchissement se confondent avec l'intérêt général de l'humanité et transforment le prolétariat, sans même qu'il ait à en avoir conscience, en champion de l'espèce tout entière, puisqu'il ne peut cesser d'être la classe sans propriété qu'en transformant la propriété capitaliste ou de quelques-uns en propriété sociale ou de tous.

Tel a toujours été, d'ailleurs, le rôle — on pourrait dire providentiel — des classes victimes, lesquelles, à de certains moments, lorsqu'étaient prêts les éléments d'une nouvelle étape sociale ou d'une civilisation supérieure, en renversant l'état de choses qui les écrasait, se sont trouvées, en travaillant pour elles, avoir travaillé pour l'humanité dont la route était de la sorte déblayée.

C'est ainsi qu'au siècle dernier, lorsque les débris du monde féodal s'opposaient à l'éclosion et au développement de l'industrialisme moderne encore dans l'œuf, le Tiers-Etat, en luttant et en triomphant pour lui-même, a, de fait, lutté et triomphé pour l'humanité dont il incarnait alors les besoins.

Aujourd'hui qu'il s'agit, non plus de déchaîner les forces productives, mais de faire aboutir en concentration sociale leur concentration capitaliste, c'est le Quart-Etat ou prolétariat qui, dans son combat contre le capitalisme et son exploitation, se trouve combattre à son tour pour la même humanité, qu'il est destiné, condamné à émanciper en s'émancipant lui-même, par la socialisation des moyens de production.

Constitué en parti de classe ou du travail, le prolétariat, qui n'est pas limité aux seuls ouvriers dits manuels, qui comprend, devant et contre les inutiles et les nuisibles de la rente, du dividende et du profit, toutes les activités, depuis les plus musculaires jusqu'aux plus cérébrales, — l'ensemble des producteurs industriels, agricoles et scientifiques — aura, pour remettre la société en possession, pour reconstituer le patrimoine de l'humanité au bénéfice de tous ceux qui la constituent, à exproprier les expropriateurs de cette dernière.

C'est sa mission historique. Mais, avant tout, comme préface et condition de cette expropriation économique, il aura à s'emparer du pouvoir politique, à devenir le gouvernement, le facteur de la loi.

C'est grâce à l'Etat monopolisé par elle et devenu entre ses mains un outillage de compression de plus en plus développé et de plus en plus perfectionné, que la petite minorité capitaliste peut continuer à tenir, sous le joug, la grande majorité laborieuse. Tant que cet Etat — qui, dans tous les conflits entre les employés et employeurs, entre salariés et salariants, joue le rôle de l'épée de Brennus, faisant toujours et fatalement pencher la balance du côté du capital — n'aura pas été enlevé à ses détenteurs actuels, il n'y aura rien de fait ni de faisable ; l'outil de la transformation nous manquera.

Le collectivisme dont je vous ai dit longuement, au risque d'abuser de votre attention, la genèse et le but, est donc suspendu à l'avènement politique ou gouvernemental des travailleurs, qu'ils arrivent au pouvoir pacifiquement ou au prix d'une de ces révolutions violentes qui ont été pour tous les partis en France, républicains et monarchistes, orléanistes et bonapartistes, la condition de leur triomphe successif.